DOM QUIRINO ADOLFO SCHMITZ, OFM

PRA QUE CRISMAR?

EDITORA
SANTUÁRIO

DIREÇÃO EDITORIAL:
Pe. Marcelo C. Araújo

REVISÃO:
Luana Galvão

COORDENAÇÃO EDITORIAL:
Ana Lúcia de Castro Leite

DIAGRAMAÇÃO:
Marcelo Tsutomu Inomata

COPIDESQUE:
Leila Cristina Dinis Fernandes

CAPA:
Mauricio Pereira

ISBN 85-7200-250-2

9ª reimpressão

Todos os direitos reservados à **EDITORA SANTUÁRIO** – 2013

Composição, CTcP, impressão e acabamento:
Editora Santuário - Rua Pe. Claro Monteiro, 342
12570-000 – Aparecida-SP – Tel. (12) 3104-2000

PREFÁCIO

Missão primordial do bispo é "conservar em sua pureza e integridade o tesouro da fé, tal como foi recebido dos Apóstolos e transmitido na Igreja, sempre e em toda parte" (do Rito de Ordenação).

É ele, pois, o primeiro evangelizador do Povo de Deus, que é a Igreja. Cabe a ele, antes de todos os demais colaboradores da Igreja, o dever de catequizar e formar a consciência de fé dos cristãos.

Dom Quirino, por vinte e cinco anos, exerceu em nossa diocese de Teófilo Otoni, Minas Gerais, com muito zelo, esta função episcopal. Hoje, bispo emérito, ele quer ainda dedicar seu tempo no empenho catequético. Uma série de livretes de alcance popular e de finalidade catequética vêm saindo de suas mãos, para ajudar o povo católico brasileiro a refletir sobre aquelas questões essenciais da vida cristã e dos sacramentos que envolvem sua vida de fé.

Em forma de perguntas e respostas, essas reflexões sobre a Crisma, resgatando o testemunho bíblico e retomando a genuína doutrina teológica e litúrgica sobre o Sacramento, serão de interesse pastoral para os pais e catequistas e para os adolescentes, jovens e adultos que se preparam para fazer a Confirmação de seu Batismo, recebendo "o dom do Espírito Santo".

Pe. Luciano Campos Lavall
Diretor Acadêmico do Instituto de Filosofia e Teologia do Seminário Maior do Nordeste de Minas

Festa de São Francisco de Assis

INTRODUÇÃO

Tem gente que diz: "Já fui batizado; pra que ainda a Crisma?" Mas não é assim. O sacramento da Crisma, chamado também "Confirmação", completa o Batismo. Batismo, Crisma e Eucaristia estão muito ligados entre si. São chamados de Sacramentos da Iniciação Cristã. Quer dizer: são o início ou começo da vida do discípulo de Jesus, isto é, do cristão. Antigamente eram recebidos todos juntos com o Batismo. Hoje, por uma maior consciência dos vários momentos da vida de fé e como uma pedagogia pastoral, são recebidos em tempos diferentes.

Neste livrete vamos conversar sobre a Crisma.

I

ENTENDENDO O VALOR DA CRISMA

1. O que é a Crisma?

A Crisma é uma ação de Deus ou um sinal que nos liga mais estreitamente a Cristo e à Igreja. Dá-nos o Espírito de Jesus, que é o Espírito Santo. Ele nos enriquece com uma força nova, a própria força de Deus. Crismar quer dizer "ungir". A Crisma é a unção do cristão com o óleo santo para consagrá-lo a uma missão no meio de sua comunidade de fé.

2. Confirmação é a mesma coisa que Crisma?

Sim. É a mesma coisa. A palavra confirmação lembra que a unção com o crisma confirma e ratifica o Batismo, completa a iniciação cristã e reforça a graça batismal.

3. Que sentido tem a Crisma para nós?

Pela Confirmação, os cristãos ungidos participam mais intensamente da missão de Jesus e da plenitude do Espírito Santo. Com sua vida se espalhará no mundo "o bom e suave perfume" que vem de Jesus (cf. 2Cor 2,15).

4. A Crisma nos obriga a quê?

Com a Crisma nós nos obrigamos a espalhar e a defender, de qualquer jeito, a fé recebida no Batismo. Pela Crisma, começamos a dar mais atenção à pessoa de Jesus em casa, no trabalho e no lazer. Nós o colocamos mesmo em primeiro lugar em nossa vida.

II

JESUS E O ESPÍRITO SANTO

5. Quando o Espírito Santo foi prometido para orientar Jesus?

Cerca de 700 anos antes de Jesus nascer, o Profeta Isaías já havia dito: "Sobre Ele (Jesus) repousará o Espírito do Senhor, espírito de sabedoria e discernimento". Em outras palavras: pelo Espírito, Jesus saberá distinguir os valores que têm as pessoas e coisas. E Isaías continua: "Sobre Ele (Jesus) repousará o espírito do conselho e da fortaleza (terá força para decidir e agir). Sobre Ele estará o espírito do conhecimento e do temor (respeito) do Senhor" (Is 11,2).

6. Em que momento da vida de Jesus o Espírito Santo veio sobre Ele?

São Mateus conta como foi: "Depois que João batizou Jesus, e quando Ele já estava fora da água, o céu se abriu. Aí eu vi o Espírito de Deus descer sobre Ele na forma de uma pomba (símbolo da simplicidade e da paz)" (Mt 3,16).

Também São João escreve: Depois do Batismo de Jesus por João Batista, "eu vi o Espírito de Deus descer do céu em forma de pomba e ficar sobre Jesus" (Jo 1,32). E acrescenta: "Eu vi e dou testemunho (dou minha palavra) que Jesus é o Filho de Deus" (Jo 1,34).

7. Para que veio o Espírito Santo sobre Jesus?

Está no Evangelho de São Lucas: "Em dia de sábado, Jesus foi à Sinagoga (casa de oração) de Nazaré. Aí lhe ofereceram a Bíblia. Ele a abriu nesta passagem do profeta Isaías. Jesus leu: 'O Espírito do Senhor está sobre mim, porque me ungiu para evangelizar os pobres; enviou-me para anunciar aos oprimidos a libertação, aos cegos a recuperação da vista, para pôr em liberdade os oprimidos e para anunciar um ano da graça do Senhor'" (Is 61,1-2). E continuou: "Hoje está acontecendo o que vocês acabaram de ouvir. E todos ficaram maravilhados" (Lc 4,16-22).

8. O que significa a vinda do Espírito Santo sobre Jesus?

O Batismo de Jesus e as Palavras da Bíblia eram sinal claro que Jesus era o Salvador esperado, isto é, o Filho de Deus encarnado (feito gente como nós).

João Batista declara: "Eu não conhecia Jesus, mas quem me enviou (Deus) para batizar em água me disse: 'Aquele em que virdes descer o Espírito, e sobre Ele permanecer, é esse que batiza no Espírito Santo'. E João conclui: 'Eu vi e dou testemunho de que este é o Filho de Deus'" (Jo 1,33-34).

9. O Espírito Santo envolve toda a vida do homem Jesus?

Sim. A concepção de Jesus pelo poder do Espírito Santo no seio de Maria e toda a sua vida e missão se realizaram em comunhão total com o Espírito Santo. O Pai lhe deu o Espírito Santo "sem medida" (Jo 3,34).

10. O Espírito Santo só veio sobre Jesus ou também sobre todo o seu povo?

O Profeta Ezequiel já via com antecedência de uns 600 anos a vinda do Espírito Santo sobre o povo. Ele disse: "Derramarei água pura sobre vocês, e vocês serão purificados. Eu livrarei vocês de todas as impurezas e de todos os ídolos. Darei a vocês um coração novo e colocarei dentro de vocês um espírito novo. Vou tirar do corpo de vocês o coração de pedra e dar um coração de gente. Porei o meu Espírito dentro de vocês e farei que obedeçam a minhas leis e cumpram todos os mandamentos que lhes dei" (Ez 36,25-27).

O ESPÍRITO SANTO E A IGREJA

11. Antes de mandá-lo, Jesus prometeu o Espírito a seu povo?

Sim, prometeu várias vezes. Vejamos o que disse a seus discípulos: "Quando vocês forem perseguidos e levados aos tribunais dos que governam, não se preocupem com o que vão falar. O Espírito Santo ensinará a vocês o que devem dizer naquela hora" (Mt 10,19-20).

Os Atos dos Apóstolos relatam o que Jesus disse, em outra ocasião, aos Apóstolos: "Vocês receberão poder quando o Espírito Santo descer sobre vocês. Serão testemunhas minhas tanto em Jerusalém como em toda região da Judeia e Samaria, e até nos lugares mais distantes da terra" (At 1,8).

É ainda Jesus quem fala aos Apóstolos: "Quando o Espírito da Verdade vier, Ele levará vocês a conhecer a verdade. Não vai falar por sua conta, mas dirá tudo o que ouviu e anunciará as coisas que estão para acontecer. Ele me honrará, porque vai receber o que é meu e o dará a vocês" (Jo 16,13-14).

12. Quando foi que Jesus começou a cumprir sua promessa?

No mesmo dia em que Jesus ressuscitou, transmitiu o Espírito Santo aos discípulos. Foi assim: Jesus se pôs no meio deles, soprou sobre eles (isto é, comunicou alguma coisa de si próprio a eles) e disse: "Recebei o Espírito Santo. Se vocês perdoarem os pecados aos outros, eles serão perdoados. Se não perdoarem, não serão perdoados" (Jo 20,22-23).

13. Como foi feita a festa de Pentecostes?

De maneira festiva, Jesus comunicou seu Espírito aos Apóstolos reunidos com Maria, a Mãe de Jesus. Com medo dos judeus, eles se haviam trancado no cenáculo (lugar da Ceia). Esperavam a força do Alto, isto é, o Espírito Santo. De repente, perceberam um ruído. Parecia um terremoto, acompanhado de vento. Sobre as cabeças de cada um dos Apóstolos apareceram como que línguas de fogo. Era o sinal do Espírito Santo que vinha dar coragem para falar aos Apóstolos. E eles, de fato, sentiram-se fortes, perderam o medo e foram para o meio do povo, que estava na praça. Aí Pedro falou: "O que vocês estão vendo neste momento já foi previsto há uns 400 anos pelo Profeta Joel. Dizia ele: 'É isto que vou fazer nos últimos dias: espalharei meu Espírito sobre todos. Os filhos e filhas de vocês vão proclamar minha palavra. Os mais novos vão ter visões e os idosos sonharão. Espalharei meu Espírito sobre meus servos e minhas servas. Naqueles dias, também eles falarão em meu nome'" (cf. At 2,1-18).

Assim estava cumprida a promessa de Jesus. Ele mandou seu Espírito Santo sobre a Comunidade (sua Igreja) e os Apóstolos proclamaram as maravilhas de Deus (cf. At 2,11).

14. Existe Pentecostes cristão sem Maria?

Maria, a Mãe de Jesus, estava no Cenáculo com os Apóstolos à espera do Espírito Santo (cf. At 1,14).

Ela é como um ímã que sempre atrai o Espírito Santo sobre a Comunidade. Por isso, os Apóstolos de todos os tempos recebem Maria em sua casa, como o fez João (cf. Jo 19,26-27).

15. Os Apóstolos comunicaram o Espírito Santo a outros?

Sim. Os Apóstolos obedeceram a Jesus e comunicaram o Espírito Santo a todos aqueles que tinham recebido o Batismo. Eles o faziam impondo as mãos sobre as pessoas. Leia o que é contado no Livro dos Atos:

"Os Apóstolos que estavam em Jerusalém ouviram dizer que o povo da Samaria também havia recebido a mensagem de Deus, e por isso mandaram Pedro e João para lá. Quando os dois chegaram, oraram para que o povo da Samaria recebesse o Espírito Santo, pois o Espírito não tinha descido ainda sobre nenhum deles. Haviam sido apenas batizados em nome do Senhor Jesus. Aí Pedro e João lhes impuseram as mãos e, assim, eles receberam o Espírito Santo" (At 8,14-17).

IV

A CELEBRAÇÃO DA CRISMA

16. O que é imposição das mãos?

Impor as mãos sobre alguém significa passar a uma outra pessoa alguma coisa ou poder próprio da gente. Esse gesto era comum no Antigo Testamento da Bíblia. Basta ver: Gn 48,13-16; Nm 8,10; Nm 27,15-23; Dt 34,9. Na vida de Jesus, vemos que Ele impõe as mãos às crianças (cf. Mc 10,16), aos doentes (Lc 13,13; Lc 4,40; Mc 8,23ss.).

Na vida da Igreja, os discípulos impõem as mãos aos doentes (Mc 16,18); Ananias impõe as mãos a Saulo (At 9,12); os Apóstolos em Samaria (At 8,17); Paulo em Éfeso (At 19,6); comunicam tarefas (At 6,6); envio de Paulo a Barnabé (At 13,3); Paulo a Timóteo (2Tm 1,6ss.); Timóteo repete o gesto (1Tm 5,22).

17. E na Igreja de hoje?

Em todos os sacramentos há a imposição de mãos dos ministros. Também em bênçãos é comum impor as mãos. O gesto continua a ter o mesmo sentido que sempre teve na Bíblia. Na Crisma, o bispo e os padres presentes impõem as mãos sobre os crismandos, e o bispo reza: "Deus todo-poderoso, Pai de Nosso Senhor Jesus Cristo, que, pela água e pelo Espírito Santo, fizestes renascer estes vossos servos, libertando-os do pecado, enviai-lhes o Espírito Paráclito; dai-lhes, Senhor, o espírito de sabedoria e inteligência, o espírito de conselho e fortaleza, o espírito de ciência e piedade, e enchei-os do espírito de vosso temor. Por Nosso Senhor Jesus Cristo, vosso Filho, na unidade do Espírito Santo. Amém".

18. Para que a unção com óleo na Crisma?

Desde os primeiros tempos, a Igreja ungia os que eram crismados. O óleo de oliva, misturado com perfume, era chamado "O Crisma". A palavra que é grega – "chríein" – significa ungir. Da palavra grega vem o termo "Christós", o Ungido com o Espírito Santo (cf. At 10,38). De "Christós" vêm o nome de Cristo e nosso nome de "cristão".

19. Que significa o óleo na Bíblia?

O óleo é o sinal da abundância (cf. Dt 11,14) e da alegria (cf. Sl 23,5). É sinal de cura, pois ameniza as contusões e feridas (cf. Is 1,6 e Lc 10,34). Faz ainda irradiar beleza, saúde e força. Na Crisma, indica a consagração da pessoa a Deus.

20. Donde vem o óleo do Crisma?

O óleo usado é produto de plantas, como a oliveira e outras. Ele é solenemente consagrado na Missa de Quinta-feira Santa pela manhã (ou em outro dia próximo). O bispo, rodeado por todos os seus padres, assim reza:

"Nós vos pedimos, ó Pai, que, pelo poder da vossa graça, esta mistura de perfume e óleo seja para nós um sinal de vossa bênção. Derramai profusamente em nossos irmãos, que receberem esta unção, os dons do Espírito Santo. Fazei resplandecer de santidade os lugares e as coisas ungidas com este óleo sagrado. Fazei, sobretudo, que a vossa Igreja cresça pelo mistério deste óleo, até atingir a medida de plenitude em que sereis tudo para todos com o Cristo, no Espírito Santo. Amém".

21. Quem é o Ministro da Crisma?

É o sucessor dos apóstolos, o bispo. Ele, porém, pode delegar um padre para crismar. O óleo usado só pode ser bento pelo bispo. Quando há muita gente para ser crismada, alguns podem ajudar o bispo nas unções.

22. Como é feita a Crisma?

Geralmente é feita durante a missa. Por motivo especial pode ser feita com uma celebração da Palavra, Homilia (sermão), Renovação das Promessas do Batismo, Oração pelos Crismandos, Imposição das mãos e Unção com óleo.

23. Como é feita essa unção?

O bispo impõe a mão sobre a cabeça da pessoa, ungindo-a na testa quando faz o sinal da cruz. Ao fazê-lo, diz: "(Nome da pessoa), recebe por este sinal o dom de Deus, o Espírito Santo". No final, o Bispo abraça a pessoa crismada e lhe deseja a paz.

24. A Crisma deve ser celebrada na Missa?

Sim. No Missal existe até uma Missa especial para o Sacramento da Crisma. Nela, os neocrismandos comungam.

25. Onde se celebra a Crisma?

O lugar mais apropriado é, naturalmente, a igreja paroquial ou uma capela. Às vezes, por causa do grande número de crismandos e assistentes, a celebração pode ser campal. Onde existem as Pastorais do Adolescente e da Juventude, por que não encarregá-las dos preparativos? Também a Renovação Carismática, bem orientada, poderá ajudar muito.

V

AS CONSEQUÊNCIAS DE SER CRISMADO

26. O que a Crisma produz nas pessoas?

Como no dia de Pentecostes, a Crisma derrama o Espírito Santo sobre as pessoas. Com isso, produz crescimento e aprofundamento da graça batismal. Faz-nos ser mais filhos de Deus para chamar Deus de Pai (cf. Rm 8,15). Ela nos faz mais dependentes de Jesus. Aumenta em nós os dons do Espírito Santo.

27. Quais são os dons do Espírito Santo?

São estes: sabedoria, inteligência, conselho, ciência, fortaleza, piedade e temor (respeito) de Deus.

28. E os frutos do Espírito Santo, quais são?

Além dos dons, a Crisma comunica doze frutos (aperfeiçoamentos ou qualidades). São eles: caridade, alegria, paz, paciência, longanimidade (generosidade), bondade, benignidade (brandura), mansidão, fidelidade, modéstia, continência (moderação ou comedimento) e castidade (cf. Gl 5,22-23).

29. É verdade que, pela Crisma, o cristão recebe a "marca" do Espírito Santo?

É exatamente isso! Malcomparado, o cristão é marcado com um ferrete (ferro para ferrar). O ferrete tem o nome de Cristo. Assim como o gado é ferrado, para se saber a quem pertence, o crismado é marcado para Deus. Porém com uma grande diferença. A marca ou o ferrete na Crisma é o Espírito Santo, chamado "doce hóspede" da gente. Ele é como uma etiqueta ou selo, posto sobre o coração da gente (cf. Ct 8,6).

30. Que quer dizer: "Jesus foi marcado com o selo do Pai"?

A expressão "Jesus foi marcado com o selo do Pai" encontra-se no Evangelho de São João 6,27. Como Jesus, também o cristão é marcado por um selo. Na Carta de São Paulo aos Coríntios se lê: "Como dono, Deus pôs a sua marca em nós e colocou o Espírito Santo em nossos corações como garantia de tudo o que ele tem para nós" (cf. 2Cor 1,22). Mais adiante, diz o mesmo Apóstolo: "Fostes selados com o selo do Espírito Santo prometido" (Ef 1,13).

31. O que faz em nós esse selo de Deus?

O selo do Espírito Santo liga-nos totalmente a Cristo, engaja-nos em seu serviço e garante-nos a proteção divina no julgamento final (cf. Ap 7,2-3 e 9,4).

VI

PREPARAR-SE BEM PARA A CRISMA

32. Com que idade podemos ser crismados?

Havia, para a América Latina, uma licença para crismar crianças de qualquer idade. Isto porque não havia bispos suficientes no continente. Assim, as localidades só podiam ser visitadas pelo bispo de dez em dez anos. Basta lembrar que, até o ano de 1551, o Brasil dependia da Diocese de Funchal, na Ilha da Madeira. Nossa terra ficou, portanto, 51 anos sem nenhum bispo. A primeira diocese a ser criada, em 1551, foi a de Salvador, na Bahia. A segunda foi a do Rio de Janeiro, em 1575. Hoje, o Brasil conta com 379 bispos.

33. E como é agora?

A Conferência Nacional dos Bispos do Brasil (CNBB) estabeleceu o que segue: "Como norma geral, não seja conferida a Crisma antes dos doze anos de idade. Contudo, mais do que o número de anos, o Pastor deve preocupar-se com a maturidade do crismando na fé e com a inserção na Comunidade. Por isso, a juízo do bispo local, a idade indicada poderá ser diminuída ou aumentada".

34. E se a pessoa já é adulta e não é batizada?

Essa pessoa será convenientemente preparada para receber os Sacramentos da Iniciação Cristã e, na mesma celebração, será batizada com o rito próprio do Batismo de Adultos, que já inclui o Sacramento da Crisma ou Confirmação e o Sacramento da Eucaristia, na Missa própria.

35. Como deve ser a inserção na Comunidade?

Primeiro, vamos saber o que significa a palavra "inserção". O termo vem do latim e significa: colocar ou fixar dentro de um lugar. Inserir na Comunidade significa, pois, participar ativamente de nossa Comunidade.

36. Como se participa de uma Comunidade?

Para participar é preciso reunir-se com a Comunidade ou com o Grupo de Jovens, estudar a Bíblia juntos, rezar juntos, celebrar a Eucaristia ou fazer celebrações da Palavra (o culto), planejar ajuda aos mais pobres, participar da vida política, principalmente escolhendo bons representantes do povo na Prefeitura, na Assembleia Legislativa do Estado, no Congresso Nacional e na Presidência da República.

É também importante que a Comunidade veja quem na comunidade poderia ser padre ou religioso ou religiosa e acompanhá-los em sua preparação. Chama-se isto de Pastoral Vocacional. Esse trabalho pastoral é indispensável numa comunidade cristã. É que o padre é para a comunidade, o que o sal é para a comida.

Quem se crisma já deveria ter participação na comunidade de seu bairro, vila, povoado, rua ou prédio.

37. Tem sentido crismar-se sem querer participar de sua Comunidade?

Em minha opinião, não. Seria fazer da Crisma simplesmente um faz de contas. Pensar poder enganar a Deus e sua Igreja é burrice. "Com Deus não se brinca!" (Gl 6,7).

38. E o curso para os crismandos?

O curso é necessário. Muitos o fazem desde a primeira Eucaristia. Deve ser um curso mais de vivência do que de simples doutrinação. Pelo menos de vez em quando, os jovens devem reunir-se em ambiente aconchegante para a meditação e o louvor a Deus. Nesse curso deve ser atualizado o modo de confessar dos adolescentes e jovens. Assim eles readquirirão estima pelo Sacramento da misericórdia do Pai. É bom que se libertem das "confissões maquinais"!

Do curso também fazem parte visitas orientadas a asilos, enfermarias, favelas e outros locais onde vive o povo mais pobre. Nessas visitas, os crismandos conversam com as pessoas, oferecem-lhes alguma coisa útil, cantam e rezam com elas.

39. E a confissão antes da Crisma?

A confissão individual é muito útil e necessária para os crismandos. Que seja sempre individual!

VII

PAIS E PADRINHOS NA CRISMA

40. O que os pais podem fazer pelos filhos que se crismam?

Devem interessar-se pela iniciação dos filhos na vida sacramental, despertar neles o gosto para acreditar na Palavra de Deus. Devem prepará-los para a Crisma, confiá-los a bons catequistas. Mas é o exemplo de vida cristã dos pais que fala mais alto do que todos os conselhos. Bons exemplos arrastam!

41. Qual é o papel dos padrinhos?

Devem "cuidar para que o crismado se comporte como verdadeira testemunha de Cristo e cumpra com fidelidade as obrigações próprias desse Sacramento" (Cân. 892 do CDC).

42. Quem pode ser padrinho?

É costume antigo ter padrinho de Crisma. Pode ser homem ou mulher, tanto para rapazes como para moças. O padrinho ou a madrinha são tratados como parentes. É importante que sejam bem escolhidos. Não teria sentido escolher uma pessoa que não participa da comunidade, nem ao menos frequenta a Igreja. Que proveito poderia trazer à família um padrinho ou madrinha de maus costumes?

43. É bom ter padrinho ou madrinha morando longe?

Não é bom. O padrinho tem de acompanhar seu afilhado. Deve orientá-lo e, até mesmo, se necessário, chamar sua atenção.

44. Que idade deve ter o padrinho ou a madrinha?

O Direito Canônico (a lei da Igreja) exige 16 anos de idade como mínimo. Por justa causa, porém, pode ser uma pessoa mais nova (cf. Cân. 874, § 1, art. 2). Mais importante que a idade é a capacidade do padrinho para dar bom exemplo de vida cristã e participação na Igreja.

45. Os padrinhos de Crisma podem ser os mesmos do Batismo?

Sim, podem. O Direito Canônico até recomenda (cf. Cân. 893, § 2).

CONCLUSÃO

Concluo retomando a oração do Rito da Comunhão, em que o bispo implora de Deus Pai, por meio do Cristo, seu Filho, os dons do Espírito Santo sobre os Crismandos. Que, ao ouvi-la, você possa dar lugar à ação do Espírito em sua vida e na vida de sua comunidade, assim como foi no início da Igreja: "Todos ficaram cheios do Espírito Santo".

"Ó Deus, que destes o Espírito Santo a vossos Apóstolos e quisestes que eles e seus sucessores o transmitissem a outros fiéis, ouvi com bondade nossa oração, e derramai em vossos filhos e filhas os dons que distribuístes no início da pregação apostólica. Por Cristo, nosso Senhor. Amém!"

ÍNDICE

Prefácio 3
Introdução 5
I. Entendendo o valor da Crisma 7
II. Jesus e o Espírito Santo 9
III. O Espírito Santo e a Igreja.............................. 13
IV. A celebração da Crisma................................... 17
V. As consequências de ser crismado................... 21
VI. Preparar-se bem para a Crisma...................... 23
VII. Pais e padrinhos na Crisma 27
Conclusão.. 29